시詩의 집을 짓다

김금만 시조집

시詩의 집을 짓다

한강

시인의 말

글 안에는 작년의 나와 더 먼 옛날의 내가 있다.
시詩의 집을 짓기 위해 곡예하듯 결을 탔다.
나에게 글쓰기는 생활의 의미와 동일하며, 언제나 나의 마음을 두드리고 때린다.
건져 올린 이미지에 색칠하며, 결정체를 만드는 일은 작가의 숙명이라 생각한다.
날이 선 필 끝을 따라 시詩의 집을 지을 수 있어서 조금은 위안을 얻는다.
한 줄의 글이라도 읽는 이의 가슴에 전달되기를 소망하며 편하게 읽어 주시기를 바란다.

초저녁 풀벌레 소리가 요란하다.
올해 어머니를 떠나보내고 자연의 섭리를 배웠다.

언젠가는 이별을 생각했지만, 켜켜이 쌓아 온 지층이 단단하다.
　뒤뜰에 어머니가 심어 놓은 봉숭아는 오늘도 내 안에서 곱다.

　무더운 여름날 글 작업하느라 예민했던 나를 격려해 준 남편과 윤정, 윤비에게 감사함을 전한다.
　휴가를 반납하며 책표지를 그려 준 딸, 사랑의 마음을 읽는다.

2024년 10월에
김금만

김금만 시조집

시의 집을 짓다

ㅁ시인의 말

제1부 시의 집을 짓다

시의 집을 짓다 ─── 15
구절초 서정 ─── 16
환승 ─── 17
동백은 지고 ─── 18
슬도를 거닐며 ─── 19
홀씨 날다 ─── 21
에밀레 천년을 울다 ─── 22
바라춤을 추다 ─── 23
아득한 별 하나 ─── 24
여름 OST ─── 25
허무에 기대어 ─── 26

시의 집을 짓다　　　　　　　　김금만 시조집

제2부 마감재처럼

29 ──── 마감재처럼
30 ──── 탈바꿈하다
31 ──── 아바이마을 삽화
32 ──── 팬데믹 시대의 등대
33 ──── 꽃 진 뒤로
34 ──── 바다 앞에서
35 ──── 초상화
36 ──── 가을 명상
37 ──── 현기증 이는 봄
38 ──── 금강송 버킷리스트
39 ──── 눈 오는 저녁에

김금만 시조집   시의 집을 짓다
차 례

제3부 지평선 끝에 서서

지평선 끝에 서서 —— 43
한탄강을 돌아보다 —— 44
고목에 꽃 피다 —— 45
저녁 안개 —— 46
메이크업 —— 47
우리 집 삼층 석탑 —— 48
겨울 화폭 —— 49
옹기의 꿈 —— 50
노트북 —— 51
저문 강 —— 52
장경각 소고 —— 53

시의 집을 짓다 김금만 시조집

제4부 프리즘에 관한 기억

57 ── 프리즘에 관한 기억
58 ── 뿔났다
59 ── 읍천항 기행
60 ── 발길 따라갔더니
61 ── 세방낙조대에서
62 ── 망배단에 잔 올리고
63 ── 금강계단 앞에서
64 ── 맹종죽이 되어
65 ── 88 굴렁쇠
66 ── 2막은 끝나고
67 ── 채송화

제5부 미완 교향곡

미완 교향곡 ——— 71
비 젖는 철새 ——— 72
솟대, 날다 ——— 73
사랑 자물통 ——— 74
폐광촌 실루엣 ——— 75
어머니를 보내며 ——— 76
가을 소나타 ——— 77
시장통에서 ——— 78
등대지기 ——— 79
한계선을 넘다 ——— 80
주전마을 시화 ——— 81

시의 집을 짓다   김금만 시조집

 차 례

제6부 울산 12경

- 85 ── 태화강 십리대숲
- 86 ── 대왕암 공원
- 87 ── 가지산 사계
- 88 ── 신불산 억새
- 89 ── 간절곶 아침
- 90 ── 반구대 암각화
- 91 ── 강동 주전 몽돌해변
- 92 ── 울산대공원
- 93 ── 울산대교
- 94 ── 장생포 고래마을
- 95 ── 외고산 옹기마을
- 96 ── 대운산 내원암 계곡

▫ 해설_유성호
▫ 시인의 약력

시의 집을 짓다

제1부

시詩의 집을 짓다

폐자재 무늬목을 밤낮 대패질하여
눈썰미 먹줄 튕겨 곡예하듯 결을 탄다
날이 선 필 끝을 따라 불어넣는 푸른 혼

서랍 속 들춰 가며 찾아낸 낡은 노트
빨간 줄 그어 놓은 행간을 다독인다
망치로 꿰맞춘 얼개 푸덕푸덕 소나

가을밤 서재 한 칸 임대한 귀뚜라미
달 비친 창가에서 고서를 읽고 있다
또르륵 유리구슬을 밤새 씻어 헹구고

침향이 타들어가 실연기 헝클린다
다관을 끓여대는 참숯불 놋쇠 화로
찻잔을 비우다 보면 새벽빛이 스민다

구절초 서정

구월에 핀다 해서 구절초라 이름했나
혼자된 외로움에 향기를 푸는 길목
벌악사 켜 든 활 붕붕 나비 와서 춤춘다

내 한생 궤적만큼 휘둘린 구곡九曲 물길
한바다 다다르자 돌아보고 또 보고
번득인 은백색 윤슬 눈물인지 웃음인지

줄 끊겨 놓친 화음 A단조로 서걱인다
녹이 핀 생각 하나 벗겨 낸 이 가을에
하늘도 옷소매 걷고 유리창을 닦고 있다

환승

깜빡 조는 사이 몇 정거장 지나쳤다
유리창 화폭에는 색색 우산 동동 뜨고
시야는 는개에 가려 길조차도 희미했다

칼잠 잔 불면들을 전철 바퀴가 썰어 댄다
오르막 칠십 고개 숨이 차 헐떡이고
환승역 발 딛는 순간 얽혀 있는 노선들

바닥난 초록 물감 팔레트에 짜고 또 짜서
텅 빈 하늘에다 그려 가는 구름 정원
붓 놓자 붉은 들장미 낙관인 듯 웃고 있다

동백은 지고

봄눈이
뚝뚝 내려
손 시린 저녁 무렵

발 동동
구르면서
입술 언 사랑 앞에

해풍이
풀무질하여
잉걸불을 지핀다

슬도[※]를 거닐며

바닷가 살면서도 그리움은 끝이 없다
구름은 우수처럼 머리 위 내려앉고
발길이 나보다 먼저 섬을 향해 걸었다

해국이 마중 나와 다소곳이 웃어 주었다
그들도 살아가며 외롭긴 매한가지
사뿐히 발끝을 들고 거문고를 내어 왔다

저 멀리 갈기 세워 달려오는 어린 고래
엄마를 찾겠다고 숨비소리 내뿜을 때
가슴 텅 비운 소라도 함께 울어 주었다

밤이면 푸른 별이 쟁그랑 쟁그랑
달빛을 당겨다가 등댓불 밝혀 놓고
필름을 돌려보다가 벽화 그린 성끝마을

방파제에 소풍 나온 꼬마 방게 불가사리
별 못 된 저들 역시 꿈 하나 품고 산다
한꺼풀 욕심을 벗겨 해풍에다 말리며

때로는 무역선이 섬이 되어 흘러간다
끼루룩 갈매기가 일기예보 알려 오고
수평선 넘지를 못해 혼자 우는 저 명파

※슬도: 울산광역시 동구 방어동에 있는 섬

홀씨 날다

실뿌리 내리려다 텃세에 눈총 받고
내몰린 변두리서 사글세로 버틴 몇 해
어눌한 수화를 하며 집성촌을 이뤘다

새벽녘 단잠 썰던 침목 위 기차 바퀴
하루해 마감재는 늘 뭔가 허전해도
아찔한 빌딩 벽 타며 풍선 동동 띄웠지

비로소 침묵들은 말문을 열어 가고
날개를 펼친 꿈이 우주로 날고 있다
더 높게 더 멀리멀리 현기증을 앓던 날

에밀레 천년을 울다

오늘은 우리 아가 맨발로 걸어가네
계단에 가지런히 꽃신을 벗어 두고
보슬비 오는 하늘에 무지개를 건너네

티끌로 넘쳐나는 세상이 되어 갈 때
해맑은 울음으로 맑힌 귀 뚫어 놓고
산 넘고 물을 건너던 맥놀이가 돌아오네

아직도 엄마 찾는 에밀레 에밀레는
천년을 울었어도 목소리는 그대로고
오늘 밤 반달이 뜨면 배를 타고 가겠네

바라춤을 추다

어머니 가시고서 49일 되던 날
손때 묻은 옷가지들 함께 가져가시라고
산문에 머리 조아려 백팔배를 올립니다

하 어찌 일이 꼬여 청상 아닌 청상 되어
논일 밭일 마다않고 갈고리 손 무딘 세월
그 덕에 자손들 모두 반듯반듯 살았지요

하늘도 환한 오늘 주름 마음 펴고서
오로지 무념으로 훨훨 날아가시라고
절 마당 떠나갈 듯이 바라춤을 춥니다

아득한 별 하나

어쩌면 우리 둘은 오래전 별이었나
보였다 사라지는 명멸한 인연처럼
언제나 중력 없이도 내 주위를 맴도는

만나고 헤어짐도 우주의 질서일까
어떨 땐 한 수레 삶 무겁다 느껴지지만
저만치 가다가 보면 있다가도 없는 것

길 가던 발 멈추고 땅바닥 굽어본다
뽈뽈뽈 기고 있는 눈곱만한 개미 한 마리
차라리 너의 의미도 별이라고 해두자

여름 OST

선글라스 쓴 아가씨 배꼽티 입고 걸어간다
강아지 뒤따르며 고개를 졸래졸래
시원한 패션 감각이 시선들을 압도한다

샛노란 참외 보고 개구리참외 폴짝 뛴다
수박 장수 칼끝 맞고 웃음 멈춘 불도깨비
얌전히 수줍어하는 수밀도는 볼 발그레

계곡물에 질까 봐 이[齒]를 보인 파도 철썩
잠자리 날개 달고 윈드서핑 날아오를 때
구릿빛 근육질 불끈 젊은 태양 압도한다

허무에 기대어

마음도 어디 한 곳 두지 못할 그럴 때는
목적 없는 행선지로 자신을 맡겨 보자
어둠이 내리는 포구 불빛 두엇 떠 있다

판화 같은 유리창에 하염없이 달이 웃고
어둠을 재단하는 내항의 뱃고동 소리
새 출발 알리는 듯한 삑삑대는 찻주전자

이제 나 돌아가리 떠나온 그곳으로
저것 봐 기러기도 노 저으며 가지 않니
큰 깃에 묻은 허무를 씻어 주는 가을밤

제2부 마감재처럼

마감재처럼

늦가을 문전에서 떨어진 열매같이
바람에 팔랑이는 붙박이 잎사귀같이
흔적을 남기지 않는 물길같이 빛같이

잘 묶인 배추같이 파마한 머리같이
또 한해 살은 흔적 정산한 가계부같이
당신이 곁에 있어서 믿음 주는 힘같이

녹슬고 구부러진 안 뽑힌 대못같이
내 두 귀 깔때기로 안 걸러진 잡음같이
검은 밤 호돌이 앞에 마음 씻긴 덕담같이

탈바꿈하다

낙타가 바늘귀를 통과하여 걸어간다
하루해 굴리면서 걷고 뛰는 걸음걸음
플랫폼 쇠바퀴마다 빗줄기가 젖고 있다

하루 고작 서너 시간 고치 속 애벌레 잠
새 하늘 보듬으려 몸부림친 변방에서
조금씩 틈을 비집는 뒤꿈치가 보인다

빌딩 숲 사이사이 빛 화살 쏘아 댄다
뻘쭉이 다가서며 손을 내민 에이아이(AI)
꿈인 듯 우주 공간에 부양하는 내가 있다

아바이마을 삽화

왠지 여기 오면 눈물 글썽거릴 듯
고향은 눈앞인데 돌아도 갈 수 없는
억새꽃 피고 또 피고 예순 해를 넘었네

갯배로는 갈 수 없는 몇 뼘의 거리 저쪽
아는지 모르는지 들풀은 자라나고
저만치 빨간 조형물 등댓불만 깜빡여

봄 오니 할미꽃은 지팡이 짚고 나와
피붙이 만나질까 바람결에 날린 은발
올해도 빠지지 않고 쑥덕이는 뻐꾸기

비에 젖은 표지석 살아생전 못 가선지
오늘도 북녘 향해 망부석 되어 있다
저 멀리 뱃고동 소리 안부라도 물었으면

팬데믹 시대의 등대

어느 날 갑자기 지인이 사라졌다
마술을 부리는 듯 안개 같은 마스크
한 줄기 불빛 대신에 기침 소리만 잦았다

간밤에 소문 없이 셔터가 내려졌다
칠흑 같은 어둠 속 자초하는 자영업자
출구를 찾으려 해도 지피에스 먹통 됐다

얼결에 방진복 입고 해저를 탐색했다
진주알 목숨들을 밤낮없이 캐고 캐도
뽀그르 부족한 산소 숨길 자주 가빠 왔다

손 하나 마음 하나 모여든 의료 천사
시야를 접수했던 안개는 물러서고
저 멀리 무적인 듯이 들려오는 뱃고동

꽃 진 뒤로

눈부신 지난날은 나비도 행복했다
세상의 찬란함은 너로 인해 시작됐고
푸르던 산도 강물도 우릴 위해 있었다

살맛이 난다는 건 내가 곁에 있기 때문
간간이 빗소리로 음악을 틀어놓고
열두 장 연서를 쓰던 그날 밤은 고왔다

소슬한 가을에는 바람 자주 불어왔다
덩그렁 꽃대궁만 남긴 채 너는 갔고
시들은 기억들 날로 버석버석 말라 간다

바다 앞에서

잠시도 쉬지 않고 달려오는 저 혈기는
퍼렇게 멍이 들어 암벽 치며 흐느낀다
한생이 버거웠던지 펴고 있는 물주름

불편한 머릿속을 밤새 기던 자벌레 떼
제 몸의 길이만큼 자로 재는 나날 앞에
희망도 절망까지도 흰 꽃 꺾어 바친다

외롭다 생각하면 우리 모두 섬이 되고
물새도 앉았다가 심심해 가버리면
윤슬은 수평 저쪽에 해를 받아 넘긴다

초상화

검버섯
숭숭 돋은
팔순 넘은 시집 어른

밤낮
빤히 쳐다보며
헛기침 뱉으신다

아마도
잘못 있을 때
눈빛으로 꾸짖는 듯

가을 명상

어느덧
유리창엔
별 하나 내려앉고

달 띄운
텅 빈 하늘
기러기 날고 있다

아파트
층층마다에
잠 못 드는 불빛들

현기증 이는 봄

겨우내 움츠린 몸 이곳저곳 기는 생각
땅거죽 뚫고 나온 꿈틀댄 벌레인 듯
비워 둔 목련 가지에 백자 접시 매단다

유리창 큰 화폭에 새로 그린 봄꽃 풍경
우전雨前을 꺼내 와서 찻잔에 몸을 풀면
지인의 끈끈한 정이 실연기로 풀린다

강가엔 해오라기 작년에 본 그대로다
아직도 눈꼬리에 졸음 가득 붙었는지
윤슬이 파닥거리며 환각제를 먹인다

금강송 버킷리스트

내 만약 울진 삼척 금강송쯤 태어난다면
하늘을 찌를 듯이 곧은 마음 부둥켜안고
천년을 흐르는 바람 해금으로 울어 보리라

누군가 부름을 받고 밑동이 잘리는 날
나이만큼 살아나는 결 고운 무늬들로
더러는 식탁이 되고 대들보가 되어 보리라

더운 가슴 내어 주다 애증이 만든 과녁
무수한 화살들이 거듭거듭 명중해도
상처가 깊어진 만큼 짙은 향기 풍겨 보리라

눈 오는 저녁에

강가에
마른 갈대
붓으로 꺾어 쥐고

한지로
펼친 눈밭
묵화 그려 나간다

내 고향
산마루 위에
얹어 놓은 보름달

지평선 끝에 서서　제3부

지평선 끝에 서서

가물댄 아지랑이 끝없이 달려온다
무명옷 입으시고 논길 걷는 아버지와
머리에 수건을 쓰신 어머니도 걸어온다

고향 집 지켜주던 허리 굽은 먹감나무
감꽃 뚝뚝 떨어져서 꽃자리 펼치던 날
막내딸 손가락에 끼운 아버지의 감꽃 반지

그리움 번져 가서 장미밭 가꾼 하늘
밀려온 공허감에 반달은 등을 달고
점처럼 날빛 속으로 새 한 마리 날아간다

한탄강을 돌아보다

하늘이 빚은 협곡 주상절리 궁궐에는
절벽과 절벽 사이 잔도가 놓여 있다
쫙 펼친 숨 멎는 경관 미술관이 되었다

흰 물살 타래타래 세월 짜는 물레질은
이산의 아픈 무늬 다문다문 박아 놓고
파란 옥 맑은 소沼에는 산머루가 목욕한다

출렁다리 발밑에는 악어가 나올 듯해
아마존 생각하며 앞만 보고 걸어간다
녹이 슨 철조망 너머 상사화 핀 철모 화분

고목에 꽃 피다

새봄에 스멀스멀 겨드랑이 가렵다
두꺼운 갑옷 입고 죽은 듯 입 다물고
발 저린 얼음 땅에서 지열 밀어 올린다

잎 무성 젊은 날엔 푸른 그늘 자리 펴고
가지에 걸터앉아 율律 지어 읊던 매미
하늘도 부풀어 올라 초록 물이 뚝뚝 졌지

아침에 눈을 뜨니 어린 래퍼 다가선다
립스틱 바른 꽃눈 매니큐어도 칠해 있고
어쩌면 저처럼 나도 닮아 보라 하는 듯

저녁 안개

희뿌연
조명 아래
면사포 쓴 젊은 여인

똑 똑 똑
하이힐이
초침 소리 밟고 간다

저만치
어둠 비집고
다가서는 내 남자

메이크업

현란한
생활 전선
그 속에 용해되려

장시간
색조 화장
하늘 찌른 긴 눈꼬리

코트 깃
곧추세우고
낯선 거리 걷고 있다

우리 집 삼층 석탑

아사달 아사녀로 우리 처음 만난 뒤로
모난 맘 정을 맞고 탑을 쌓아 갔습니다
받침돌 힘이 들어도 끙끙대며 참았죠

첫 아이 얻었을 때 옥계석 올라가고
새 세상 트여 올 땐 탑신부 올라가고
짓궂은 바람 앞에선 손을 모아 보았죠

만월로 갓등 밝혀 식탁에 차린 웃음
손잡은 먼 길 함께 그대 있어 더 행복한
현관문 들고 날 때면 풍경風磬 울어 줍니다

겨울 화폭

목탄으로
그리다 만
어둑한 저녁 길에

고요를
지르밟고
눈사람 걸어온다

아늑한
동화 속으로
가고 싶은 내 고향

옹기의 꿈

한평생 떡메 맞고 찰진 흙 되고 난 뒤
그 온갖 흠투성이 결 고운 살이 됐고
장인의 손끝을 만나 하늘 열어 보였다

채우고 또 채워도 허기는 더해 오고
바닥이 비치도록 퍼내지 못한 탓에
아직은 구름 한 자락 들어오질 않았다

내 만약 한생 다시 청백자로 태어나면
동천冬天에 달 뜬 창가 매화 꽂아 바라보리
규방을 환히 밝히며 사랑받고 싶기에

노트북

손끝에 종이 무게 그 속에 세상 있다
어디든 함께하는 최고수 수석 비서
터치로 암호를 풀자 신기루가 열린다

이동식 사무실은 임대료가 걱정 없다
시야를 벗어나면 경고음 주의 주고
주술을 외기만 해도 밥상 차려 바친다

빛처럼 뻗어 가는 문명의 이기 앞에
혼자는 외로워서 파일 찾기 한다지만
그립다 사람의 정이 가슴 데울 그런 말

저문 강

오늘도
뚜벅이며
강 앞에 섰습니다

보풀린
서녘 하늘
노을빛 칠해 가다

능선에
발 걸린 해가
물감 온통 쏟습니다

장경각 소고

만을 여덟 번 하면 팔만이 되겠지만
내 평생 지은 죄를 죽비로 매 맞아도
못 씻을 갖은 허물들 장경에서 깨친다

나무는 불에 타서 연기로 사라지고
돌에 새긴 글자들은 풍화로 날아가고
천만년 살게 하려고 도판 구워 남겼을까

영축산 언덕 골라 큰 누각 올려놨다
서가에 책 꽂히듯 잘 정돈된 편 편 불경
성파님 묵언의 참뜻 통일 염원 담았으리

프리즘에 관한 기억

제4부

프리즘에 관한 기억

내장된 유년 화면 리모컨 눌러본다
책가방 들고 가는 하얀 칼라 예쁜 소녀
그 냇가 서정시 같은 발을 담근 수선화

지킴이 느티나무 삼총사 껴안을 때
통기타 여섯 줄은 화음을 튜닝 했지
가슴이 아린 한 소절 차마 다 못 부르고

졸업반 기차 여행 눈으로 찍은 영상들
발 푹푹 은빛 세상 16mm 영사기엔
음향도 칙칙거리며 흑백 필름 돌고 있다

뿔났다

숯가마도 울고 갈 갑진甲辰년 불통 더위는
뭐가 불만족인지 뿔 단단히 솟았다
사나흘 달포 지나도 뒷걸음질 안 치고

이년의 왕고집은 뿔 빠질 기미가 없다
농부도 전기차도 막무가내 떠받아 놓고
그래도 분이 덜 풀려 눈 부라려 흘겨본다

비나이다 비나이다 제발 비님 좀 오세요
하늘은 예끼 이놈 마른 벼락 호통치고
반성문 쓰나 안 쓰나 손톱달이 지켜본다

읍천항[※] 기행

신라 땅 밟아 들어 해안을 걷다 보면
갈매기 호객하며 목로주점 안내한다
고깃배 달을 불러내 공놀이를 하는 동해東海

찰찰찰 심벌 치는 파도 소리 따라가면
주상절리 기와집에 혼자 사는 젊은 무녀
합죽선 쫙 펼쳐 들고 작두춤을 추고 있다

손잡은 커플들이 선녀 낭군 재연하고
인동초 휘감으며 인연의 끈 잡고 간다
급발진 오토바이가 분위기를 깨운 오후

※읍천항: 경북 경주시 양남면에 있는 어촌 마을

발길 따라갔더니

마음을 못 가눌 땐 바랑 메고 길 나선다
오라는 곳 마땅찮아 발걸음 따라가면
화첩을 넘겨보듯이 절집 한 채 보인다

여기 와 둘러보니 팔도 사람 다 모였다
템플스테이 오기까지 무슨 사연 있었을까
누구도 깊은 속내를 말하려들 않는다

산새는 산에 살아 득도라도 한 것인지
공양주 눈치 보며 저만치 앉아 있다
하루를 마감하는 듯 청동 물고기 종을 친다

세방낙조대에서

시집올 때 한번 입고 던져둔 다홍치마
물 바랜 그 한 자락 수평선에 널려 있다
울 엄마 몰래 훔치던 눈시울도 거기 있다

수묵빛 으스름을 빈 배 가득 싣고 오는
아버지 저문 생애 가슴 벽에 걸어 둔다
지나온 물길 너머로 끓고 있는 빛빛 윤슬

한 번쯤 한 번쯤은 되돌아가고 싶다
덧칠로 잘못 입힌 굳은 물감 벗겨 내고
수탉이 홰치는 새벽 새 아침을 맞고 싶다

망배단에 잔 올리고

능선이 처마인 양 한가위 달 내걸린다
저 멀리 이명 적신 고향 가는 기적 소리
또 한 해 반성문 쓰는 가을 하늘 기러기 떼

제단에 향 피우고 잔 올려 절을 하면
헝클린 실연기가 머리 풀린 어머닌 듯
석이야 부르는 소리 눈물비 쫙쫙 쏟아진다

윙윙 터빈처럼 돌아가는 꽃바람개비
어쩌면 드론 되어 옛집 영상 담아 올까
녹이 슨 철마도 함께 뭉친 객혈 토해낼 듯

금강계단 앞에서

차마 다가서기 두려운 부처님께
두 손을 가만 모아 이마 조아립니다
따라온 그림자조차 나의 죄를 고백합니다

뒤도 안 돌아보고 천근 걸음 끌고 온 삶
때로는 위선으로 어떨 땐 허물들로
돌멩이 하나마다에 한생生 업을 쌓았습니다

불사리 빛빛 계시 눈이 아파 옵니다
돌구멍 금개구리 계율송 외는 우기
마음밭 연꽃이 피어 불국 정토 알립니다

맹종죽이 되어

하늘에 닿고 싶어 층층 계단을 밟아 간다
백 년이 되는 해에 대꽃을 피워 놓고
말쑥이 비운 방마다 푸른 기운 감돌아

곧은 뼈 마디 골라 곱게 저며 옻칠 입혀
잘 벼린 조각도로 상감象嵌 새겨 학이 날면
때로는 대금이 울고 문방에는 필통 앉고

비 젖는 삶의 터전 땅거죽 뚫는 새순
잔별이 사락사락 미리내에 발 담그면
몰려온 금빛 바람도 비늘 돋아 노닌다

88 굴렁쇠

찌르릉
쇠막대로
지구본 돌린 아이

그 순간
세계인은
숨소리가 멎었었다

우주에
숨겨진 보석
초록 별이 빛날 때

2막은 끝나고

볕 잘 든 근린공원 초로初老들 모여 있다
열연한 무명 배우 주름으로 분장하고
또 한 번 막이 오르자 동공 먼저 설렌다

NG 없는 무대에서 훔쳐 댄 눈물 콧물
오로지 한 길 위해 간이역은 지나치고
등 붙일 보금자리에 쑥새 알을 품는다

천 미터 백세 고지 헐떡이는 눈꽃 기차
스치는 차창마다 흑백 필름 돌아가고
레이저 쏘는 저 은빛 뒤통수가 따갑다

채송화

흙마당
소인국에
해맑은 웃음소리

황금벌
붕붕 날며
꽃풍차 돌려대고

첫 수업
끝이 났는지
종이 땡땡 울린다

미완 교향곡

제5부

미완 교향곡

빗물이 유리창에 연서를 쓰는 아침
찻잔을 앞에 놓고 슈베르트를 듣는다
초록 심 새로 깎아서 내 자서전 쓰는 새순

플랫폼 떠난 열차 오르막 향해 달려간다
스치는 차창마다 흑백 필름 되돌릴 때
뚝하고 끊긴 한순간 가슴이 꽉 조였고

터치해 넘겨보는 스마트폰 기억 너머
내 유년 오지마을 숲속 학교 다가선다
짹 짹 짹 참새 꼬맹이 발음들이 정겹다

지금도 돌고 있는 축음기 낡은 LP판
긁히는 무딘 바늘 칙칙 소리 해대지만
숨차는 언덕 위에서 손 흔드는 억새꽃

비 젖는 철새

사흘이 멀다 하고 끈을 놓고 오는 봄비
벽보 속 새 일꾼들 비에 젖어 울상이다
밥 대신 한 표 달라고 억지웃음 보인 듯

설익은 음식 먹고 토악질 밤새 했다
새로 날 밝고서야 체증 싹 내렸지만
어디든 병목 현상은 어쩔 수가 없었다

비 그친 아침나절 가로수 더 푸르다
붐비는 시장 골목 건강한 웃음들은
꿉꿉한 마음 자락을 흥정으로 말린다

솟대, 날다

어느 곳 어느 하늘 날아가고 싶었는지
소망을 품은 새는 일 년을 하루같이
비 오고 바람 불어도 꼼짝 않고 있었다

이상李箱의 간절함이 나에게 깃든다면
대보름 징 소리에 영혼은 깨어나서
그립고 꿈꾼 곳으로 휘이휘이 날겠다

보인다 꿈에 어린 고향 산 어머니도
웃음을 차린 밥상 그날의 정겨움이
소지를 양탄자 삼아 낮달 향해 오른다

사랑 자물통

한뎃잠
자게 했던
언약은 녹이 슬고

사슬로
묶은 백 년
눈비 속에 삭고 삭아

빛나던
붉은 하트도
유통기한 지났다

폐광촌 실루엣

기억이 녹슨 탄차 빗물에 엎어졌다
한숨만 질척이는 눈물 고인 갱도에는
미로의 모서리마다 검은 불빛 묻어 있다

단칸방 알전구도 웃어 대던 그날 저녁
두레상 둘러앉아 토인 같던 꼬마 애들
행복은 이런 거라며 하얀 이가 말했다

일탈한 발걸음들 하나둘 돌아오고
삭도엔 케이블카 새 옷 입은 관광지로
탄맥을 찾던 곡괭이 훈장 되어 걸려 있다

어머니를 보내며

햇빛이 반짝이는 주전마을 바닷가에
쑥새가 알을 품듯 실한 둥지 마련했지
부리로 푸른 꿈 물어 채워 갔던 나날들

나무도 오래되면 옹이가 생기듯이
잔주름 거칠 즈음 주연 무대 내려왔지
그 이후 조연도 못돼 엑스트라 설움이

딸까닥 바디 북이 한 올 한 올 짰던 한 삶
주머니 없는 옷을 정갈히 지어 입고
참 고운 구름이 되어 배인 듯이 떠가네

가을 소나타

사느라 안개 가려 눈에 들지 않았는데
입추를 건너뛰며 산빛이 옅어졌다
이 아침 옥상 난간에 햇살 써는 물까치

비집는 편서풍이 옷깃을 파고든다
그제야 떨어졌던 단추 구멍 눈에 들고
102동 출구 쪽으로 우체부가 지나간다

통유리 하나 가득 달등月燈을 밝혀 놓고
베란다 귀뚜리가 낡은 시집 읽고 있다
내 마음 천길 심연深淵엔 닿지 않는 실꾸리

시장통에서

시장통 왁자지껄 저울에 달린 수다
사는 이 깎자 들고 상인은 웃음이 덤
모여든 팔도 사투리 각설이가 따로 없다

뒤꿈치 불나도록 잰걸음하는 사람들
물 좋은 생선들이 먼바다 베고 누워
입담의 호객행위에 눈알 자주 굴린다

힘겹게 들고 가는 장바구니 모습 뒤로
한가위 보름달은 새 거울 내다 건다
생방송 뉴스 앵커는 놓친 발음 챙기고

등대지기

난바다 피륙을 짜는 파고의 등허리여
몸 맡겨 다가가도 손사래만 쳐대는가
상현달 불씨 가져다 등대불을 밝힌다

파지가 쟁여져서 섬처럼 떠 흐른다
차량의 홍수 속에 노 젓는 리어카배
급물살 아스팔트 강폭 넓다가도 멀다가

초록빛 품은 나는 세상의 등대지기
해무 낀 밤을 도와 등피 그을음 닦아 놓고
통신병 비둘기에게 수신호를 보낸다

한계선을 넘다

밤낮 두드려도 열리지 않던 하늘이
깨어진 유리창을 새것으로 간 뒤로
참 맑게 다가온 세상 등을 켠 듯 환하다

헝클린 실매듭을 풀어 가는 삶이라면
손짓 발짓으로 어딘들 못 이를까
물속도 양떼구름을 풀어놓는 한나절

바다는 쉴 새 없이 증기를 올려 보내고
금이 간 가슴팍에 담긴 빗물 퍼내지만
우직한 산은 아직도 키가 쑥쑥 클 뿐이다

주전마을[※] 시화詩畫

마음이 흐릿한 날 이곳에 달려오면
닿소리 흰 파도는 울분을 씻어 준다
포말은 앙금까지도 깨끗하게 비워 주고

빈 병은 뿌우뿌우 떠난 사람 부르는 듯
상한 기억 다독이며 소금꽃을 피워 낸다
실언에 놓쳤던 자음 갈매기가 물어 가

발 메모 쓴 백사장 누군가 읽게 된다면
밑줄을 그어 가며 가슴에 담아 갈까
빛바랜 바다 낮달이 하염없이 보고 있다

※주전마을: 울산광역시 동구 소재 바닷가 마을

제6부 울산 12경

태화강 십리대숲

대숲을
수초 삼아
쏘다니는 초록 물고기

먼바다
나아가서
큰 세상 보고 온 듯

모천母川에
자리 잡고서
빛빛 부화 한창이다

대왕암 공원

물비늘
출렁이는
갑옷 입고 오신 대왕

잘못한 일
많다며
큰 파도로 꾸짖는다

발밑에
들고 난 상소
입에 물은 흰 거품

가지산 사계

떼 지은
은빛 억새
날갯짓 퍼덕인다

산 능선
넘으려다
숨차 오는 해 질 녘에

플룻 문
금발 소녀는
역광 업고 연주한다

신불산 억새

내로라
서예가들
몰려온 휘호 대회

바람 붓
휘돌림에
서체는 다양하고

화선지
펼친 하늘 폭
전위 행위 춤춘다

간절곶 아침

살 에는
찬물 속에
씻어낸 고운 삶을

샛바람
조리질로
섣달 다 담아내면

첫아기
울음소리가
수평선을 넘는다

반구대 암각화

우주인
다녀가며
바위에 새긴 일기

산짐승
대왕고래
서로서로 안으라고

물소리
풀어놓고서
먼 별빛을 줍고 있다

강동 주전 몽돌해변

파도가
철썩 운다
빈 가슴 마구 친다

금으로
도배하는
저물 무렵 해안 도로

내 마음
훔쳐보고서
외로 나는 갈매기

울산대공원

행복한
사람들을
가득 태운 큰 유람선

까르르
아이 웃음
고니처럼 깃을 칠 때

풍차는
윙윙거리며
스크루를 돌린다

울산대교

까마귀
까치 등이
잇댄 다리 있다더니

지구촌
문설주에
걸쳐 놓은 쌍무지개

무역선
나고 드는 항
동백 웃음 더 붉다

장생포 고래마을

엄마를
찾겠다고
달려온 아기 고래

물어본
마을 곳곳
고개만 절레절레

녹이 슨
포경선마저
기억에도 없단다

외고산 옹기마을

해 꿀꺽
삼킨 가마
산달에 불러온 배

옹기장
마음 졸여
금줄을 내다걸자

덩그렁
환한 보름달
산마루에 얹힌다

대운산 내원암 계곡

소풍 온
나무들이
색칠 공부 한창이다

물감을
쏟은 꼬마
어쩔 줄 몰라 하고

모두가
텃새 되고파
팔랑팔랑거린다

김금만의 시조 미학

해설

> 해설

날이 선 필 끝을 따라 불어넣는 푸른 혼
— 김금만의 시조 미학

유성호 | 문학평론가·한양대학교 국문과 교수

1. 특유의 현대성을 성취하고 있는 성과

　김금만 시인의 새로운 시조집 『시의 집을 짓다』(한강출판사, 2024)는 정형성의 기율을 충실하게 지키면서도 활달한 상상력으로 특유의 현대성을 성취하고 있는 미학적 성과로서 다가온다.
　우리가 잘 알듯이, 시조의 정형성은 자유로운 시상詩想을 가로막는 불필요한 장벽이 아니라 그러한 형식을 통해 고유한 미학을 가능케 해주는 불가피한 '존재의 집'이다. 마치 기차가 철로에서 벗어나면 자유가 아니라 탈선인 것처럼, 시조가 정형성을 스스로 이완해 가는 것은 일종의 자기 부정에 이를 수도 있다. 그만큼 시조의 정형성은 부정적인 억압이나 구속이 아니라 시상을 이끌어가는 정연한 질서이자 동인動因이 되는 셈이다. 그 안에서 이루어지는 서정적 공감은 단단하게 짜인 형식 혹은 질서에 의해 섬광과도 같은 감동을 주게 마련이다.

아닌 게 아니라 김금만의 이번 시조집은 자신만의 견고한 시조 미학을 우리에게 선사하는 예술적 기록으로 생성되고 있다. 단아하고 고전적인, 하지만 저류底流에는 삶과 사물을 세밀하게 관찰하고 표현해낸 산뜻한 결실로 다가온다. 그 안에는 시인의 역동적 안목과 역량이 파동치고 있고, 시인은 자신을 둘러싸고 있는 자연 사물이나 오랫동안 축적해 온 기억을 대상으로 하여 그것들이 얼마나 선명한 감각으로 재현 가능한지를 한껏 보여준다.

또한 우리는 그의 시조를 통해 그동안 대립적으로 인지되어 온 개념이나 범주들이 재구성되는 과정을 경험하게 되는데, 그래서 우리는 선형적 도식이 소멸하면서 다양한 타자들이 한데 어울려 웅성거리는 수평적 풍경을 그 안에서 목도하게 된다. 삶과 죽음, 빛과 어둠, 생성과 소멸, 진화와 퇴행 같은 것들이 선명한 분절적 개념이 아니라 한몸으로 묶여 모든 운동을 규율하는 양면적 속성이라는 것을 알게 되는 것이다. 이제 그 폭넓은 서정의 세계 안으로 들어가 보도록 하자.

2. 삶과 사물의 본령에 접근해 가는 단시조 미학

김금만 시인의 작품은 끊임없는 미학적 확장과 응축을 거듭하는 방법론에 의해 삶과 사물에 대한 섬세한 관찰과 묘사를 낳아 가고 있다. 특별히 그의 단시조는 우리의 사유와 감각을 질서 있고 구심적인 곳으로 인도해 간다.

정형이라는 현저한 외적 제약에도 불구하고 원초적 통일성을 회복하려는 절제된 언어의 본래적 지향을 단호하게 성취함으로써 그의 단시조는 이러한 질서를 천천히 획득해 간다.

그래서 우리는 그가 보여 주는 단시조 미학을 통해 안정되고 직관적인 세계를 경험하면서, 동시에 삶의 고요한 형식을 유추해 내는 가볍지 않은 힘을 경험하게 된다. 그렇게 시인은 단시조를 통해 삶과 사물의 본령에 천천히 접근해 간다.

강가에
마른 갈대
붓으로 꺾어 쥐고

한지로
펼친 눈밭
묵화 그려 나간다

내 고향
산마루 위에
얹어 놓은 보름달

　　　　　　　　　　―〈눈 오는 저녁에〉 전문

목탄으로
그리다 만
어둑한 저녁 길에

고요를
지르밟고
눈사람 걸어온다

아늑한
동화 속으로
가고 싶은 내 고향

　　　　　　　　　　―〈겨울 화폭〉 전문

봄눈이
뚝뚝 내려
손 시린 저녁 무렵

발 동동

구르면서
입술 언 사랑 앞에

해풍이
풀무질하여
잉걸불을 지핀다

―〈동백은 지고〉 전문

 시인은 강가의 마른 갈대를 붓으로, 펼쳐진 눈밭을 한지로 은유하고, 묵화 그려 나가는 예술적 행위를 선연하게 담아낸다. 그때 그려지는 것은 "내 고향/ 산마루 위에/ 얹어 놓은 보름달"이다. 사실 눈 오는 저녁의 보름달은 그다지 현실적이지 않다. 그러나 시인의 복합적 시선과 필치는 눈 내리는 배경 속에 보름달의 환영幻影을 결속함으로써 짧은 단시조 안에 예사롭지 않은 예술적 행위와 인생론적 그리움을 동시에 그려 넣고 있다.

 다음 작품에서도 '겨울'과 '고향'의 교차 과정이 동일하게 펼쳐진다. 이번에는 목탄으로 그리다 만 어둑한 저녁에 고요를 지르밟고 걸어오는 눈사람의 환상이 펼쳐진다. 그리고 "아늑한/ 동화 속으로/ 가고 싶은 내 고향"이 환기된다. 그 '겨울 화폭' 이야말로 첨예한 현대성이 반영된 복합적 그림일 것이다.

 그다음 작품에는 춘설 내리는 저녁에 동백이 지는 것

을 두고, 입술 언 사랑 앞에 해풍이 풀무질하여 지피는 '잉걸불'로 묘사하는 장면이 나온다. '봄눈'과 '동백'의 강렬한 색채 대조가 단시조의 빛으로 찾아온다. 이러한 그림들 안에서는 "희뿌연 조명 아래 면사포를 쓴 젊은 여인"(〈저녁 안개〉)들도 그려지고 "우주에 숨겨진 보석 초록 별이 빛날 때"(〈88 굴렁쇠〉) 초록 별도 나타나게 될 것이다.

 이처럼 김금만의 단시조가 가닿은 곳은 시간의 흐름을 따라 피어나고 이울어 가는 자연 사물들일 때가 많다. 그런데 그가 자연 사물을 표현하는 이미지는 결코 고요하지만은 않다. 오히려 그의 시편은 내면 경험의 활력을 드러내는 역동성의 세계를 암시적으로 환기한다. 그리고 다양한 사물과 관념에 고유의 질감을 부여하려는 안목과 그것을 언어의 구체적 물질성으로 바꾸어 내는 뛰어난 조형 능력을 보여 준다. 그 점에서 우리는 그의 만만찮은 구성 능력을 통해 자연 사물과 인간의 그리움이 만나 빚어내는 구체적 이미지군群을 만나게 된다. 요컨대 그가 구현하는 이미지는 내면의 활력과 사물의 구체성이 만나는 감각의 재생 과정에서 발원하여, 선명한 기억을 통해 삶을 물질적으로 조형하는 세계로 번져 가고 있는 것이다. 이러한 시적 성취는 그의 단시조에서 가장 찬연한 빛을 발하고 있다.

3. 삶의 맥락에서 기억된 시간성의 탐색

그런가 하면 김금만의 시조는 속 깊은 마음을 통해 전해지는 낭만적 회감回感의 세계를 구축하고 있다. 그럼으로써 서정시의 오롯한 기율을 남김없이 충족해 가는 세계를 보여 준다. 그는 날카로운 시선으로 세상을 응시하고 거기에 자신을 던지는 낭만적 모험의 시인이자, 치유와 안착을 중시하는 고전적 정착형의 시인이기도 하다. 그 힘들이 합쳐져 타자를 향한 글썽이는 언어를 생성하기도 하고, 자신을 향한 견결한 성찰의 언어를 견인해 내기도 한다.

이러한 복합성이 그의 시편으로 하여금 우리 시대를 이끌어 가는 현대성으로 나아가게끔 해주고, 더러는 우리로 하여금 속악한 현실을 벗어나 원심력을 가지는 향원익청香遠益淸의 고전적 세계로 들어서게끔 안내하기도 한다. 그러한 세계를 구현해 가는 방법의 기둥은 '시간'에 관한 사유라고 할 수 있는데, 그만큼 그의 시조는 시간에 대한 경험 형식으로 착상되고 있고 그 기억의 재구성이라는 오롯한 특성을 지닌다. 이때 시간은 경험적 시간 자체가 아니라 미학적으로 재구성된 시간을 뜻한다. 우리가 기억이라고 명명하는 것도 지층에 남아 있는 화석처럼 재구성된 하나의 시간적 흔적이며 표지標識일 뿐이 아니겠는가. 김금만 시인은 삶의 여러 맥락에서 기억된 이러한 시간성을 탐색하고 노래하는 전형적 의미의 서정시인이다.

> 가물댄 아지랑이 끝없이 달려온다
> 무명옷 입으시고 논길 걷는 아버지와
> 머리에 수건을 쓰신 어머니도 걸어온다
>
> 고향 집 지켜주던 허리 굽은 먹감나무
> 감꽃 뚝뚝 떨어져서 꽃자리 펼치던 날
> 막내딸 손가락에 끼운 아버지의 감꽃 반지
>
> 그리움 번져 가서 장미밭 가꾼 하늘
> 밀려온 공허감에 반달은 등을 달고
> 점처럼 날빛 속으로 새 한 마리 날아간다
> ―〈지평선 끝에 서서〉 전문

이 작품은 지나간 시간에 대한 섬세한 기억에서 시작된다. 그 기억 안에는 "무명옷 입으시고 논길 걷는 아버지"와 "머리에 수건을 쓰신 어머니"의 가파른 삶이 들어 있다. 그분들과 세월을 함께했을 고향 집 먹감나무에서 감꽃이 떨어져 꽃자리 펼치던 날 아버지는 막내딸 손가락에 감꽃 반지를 끼워 주셨다. 그분을 향한 한없는 그리움과 순간적으로 밀려온 공허감이 동시에 환기되던 순간, 시인은 지평선 끝에 서서 자신의 존재론적 기원起源을 소환하고 있는 것이다. 앞으로도 이러한 기억은 "부리로 푸른 꿈 물어 채워 갔던 나날들"(〈어머니를 보내며〉)을 불러오고 "당신이 곁에 있어서 믿음 주는 힘"(〈마감재처럼〉)을 항구적으로 선사해 갈 것이다. 그러니 이 작품 안에서의 과거란 현재나 미래를 포괄하고 있는 이른바 '충만한 현재형'과 다를 바가 없게 된다. 다음은 어떠한가.

>내 만약 울진 삼척 금강송쯤 태어난다면
>하늘을 찌를 듯이 곧은 마음 부둥켜안고
>천년을 흐르는 바람 해금으로 울어 보리라
>
>누군가 부름을 받고 밑동이 잘리는 날
>나이만큼 살아나는 결 고운 무늬들로
>더러는 식탁이 되고 대들보가 되어 보리라
>
>더운 가슴 내어 주다 애증이 만든 과녁
>무수한 화살들이 거듭거듭 명중해도
>상처가 깊어진 만큼 짙은 향기 풍겨 보리라
>―〈금강송 버킷리스트〉 전문

'버킷리스트Bucket list'란 죽기 전에 하고 싶은 일들을 적은 목록을 말한다. 시인은 자신을 "울진 삼척 금강송"에 이입하여 스스로의 버킷리스트를 외친다. 물론 이는 당연히 미래형을 취하지만, '시인 김금만'의 삶이 축적해 온 과거와 현재가 온축된 충만한 현재형과 다르지 않을 것이다. 시인은 자신이 금강송으로 다시 태어난다면 "하늘을 찌를 듯이 곧은 마음"과 "천년을 흐르는 바람 해금"으로 크게 한번 울어 보리라고 다짐한다. 나아가 밑동이 잘려 세상을 떠날 때에 나이만큼 살아나는 결 고운 무늬들을 통해 식탁이나 대들보로 다시 태어나리라 외친다. 수많은 애증이 만들어 낸 과녁에 화살들이 명중해도 "상처가 깊어진 만큼 짙은 향기"를 풍겨 보리라는 결의는 '금강송 버킷리스트'이자 '김금만 버킷리스트'이기도 할 것이다. 그렇게 시인은 "혼자 된 외로움에 향기를 푸는 길목"(〈구절초 서정〉)에 서 있을지라도 자신에게 주어진 시간성 안에서 올곧고 따듯한 향기를 세상에 남기겠다는 의지를 선보이고 있는 것이다.

하늘이 빚은 협곡 주상절리 궁궐에는
절벽과 절벽 사이 잔도가 놓여 있다
쫙 펼친 숨 멎는 경관 미술관이 되었다

흰 물살 타래타래 세월 짜는 물레질은
이산의 아픈 무늬 다문다문 박아 놓고

파란 옥 맑은 소沼에는 산머루가 목욕한다

출렁다리 발밑에는 악어가 나올 듯해
아마존 생각하며 앞만 보고 걸어간다
녹이 슨 철조망 너머 상사화 핀 철모 화분
                ―〈한탄강을 돌아보다〉 전문

  이번에 시인의 시선은 '한탄강'이라는 역사의 지표指標를 돌아본다. 그럼으로써 오래전 이루어진 조국 분단의 상처를 불러오고 나아가 이 땅에서 일구어 갈 미래형 의지를 밝히고 있다. 한탄강 주위에는 "하늘이 빚은 협곡 주상절리 궁궐"과 "절벽과 절벽 사이 잔도"가 숨 멎는 경관 미술관이 되어 있다. 오랜 이산離散의 아픈 문양들이 박힌 그 미술관은 "파란 옥 맑은 소沼"의 인적 없는 절경을 이루고 있다. "녹이 슨 철조망 너머 상사화 핀 철모 화분"이야말로 이곳의 시공간을 집약하는 이미지일 것이다. 그 역사의 흔적들이야말로 "뒤도 안 돌아보고 천근 걸음 끌고 온 삶"(〈금강계단 앞에서〉)이 거쳐 간 지점일 것이고, "눈빛으로 꾸짖는 듯"(〈초상화〉)한 역사의 표정이기도 할 것이다.

  궁극적으로 김금만 시인은 자신의 시편을 감싸고 있는 오랜 기억을 통해, 귀를 세우고 사물들이 반짝이며 내지르는 소리를 소중하게 담아 둔다. 사물들의 소소한 움직

임에도 예민한 감각을 기울이면서 그 울음의 무늬들을 어루만진다. 그것을 지속적으로 수행하는 시인의 품은 그래서 한결 넓고 깊다. 작은 소리를 탐침探針하고 기억함으로써 그 안에서 잊혀지거나 무심히 흘려보냈던 타자의 목소리를 세심하게 듣고 있는 김금만의 시조는 타자의 목소리를 때로는 울음으로 때로는 자기표현으로 재영토화하면서 새로운 파생적 기억을 만들어 가는 것이다. 이는 참으로 아름답고 융융한 시간성을 담은 세계로서 시인 자신의 원체험과 현재형을 매개하는 기억의 살뜰한 성취라 할 것이다.

4. 궁극적 자기 발견을 욕망하는 '시인'의 존재론

김금만 시인의 이번 시조집은 선명한 회상을 통해 다다르는 존재론적 기원 탐색의 면모를 보여 주는 일대 실존적 고백록이다. 특별히 자신을 오래도록 규정해 왔던 근원적 기억을 통해 기원을 탐색하고 재구성하는 시쓰기 과정을 낱낱이 보여 준다. 이러한 속성은 낭만적 표현과 회귀 의식을 동시에 성취해 가면서, 그의 시조집으로 하여금 강렬한 예술 충동을 가지게끔 해준다. 따라서 우리는 김금만 시조의 이러한 외관과 실질을 통해 반듯하고 정통적인 서정시의 모습을 확인할 수 있게 된다. 아닌 게 아니라 그의 시조집은 아름다운 '시인'의 존재론을 완성해 가는 특성을 시종여일하게 내보인다. 시조를 통해 현실에서는 불가능한 존재 전환을 꿈꾸는 그는 일상적이고 물리적인 현실을 벗어나 전혀 다른 곳으로 이동하는 상상적 모험을 마다하지 않는다. 시인은 이러한 자기 회귀성과 그것의 확장, 그리고 궁극적 자기 발견을 욕망하는 존재로서 우뚝하다. 그래서 그의 목소리는 내밀하고 잔잔하지만, 단단하기 그지없는 시인으로서의 존재론을 언어 뒤편에 숨기고 있다 할 것이다. 우리 시조시단에서 특별히 그가 견지하는 고유한 스케일과 밀도가 거기 담겨 있다.

> 마음이 흐릿한 날 이곳에 달려오면
> 닿소리 흰 파도는 울분을 씻어 준다
> 포말은 앙금까지도 깨끗하게 비워 주고
>
> 빈 병은 뿌우뿌우 떠난 사람 부르는 듯
> 상한 기억 다독이며 소금꽃을 피워 낸다
> 실언에 놓쳤던 자음 갈매기가 물어 가
>
> 발 메모 쓴 백사장 누군가 읽게 된다면
> 밑줄을 그어 가며 가슴에 담아 갈까
> 빛바랜 바다 낮달이 하염없이 보고 있다
> ─〈주전마을 시화詩畵〉 전문

시인은 마음이 흐릿한 날마다 울산 주전마을로 달려온다. 시인은 흰 파도에 '닿소리'의 위상을 부여하여 포말이 울분을 씻어 주고 앙금까지 비워 준다고 노래한다. 실언에 놓쳤던 '자음'은 갈매기가 물어 가고, "발 메모 쓴 백사장"을 누구라도 읽는다면 "밑줄을 그어 가며 가슴에 담아" 가기도 할 것이다. 그러니 '닿소리=자음'의 물결, 밑줄이 그어질 백사장은 모두 시인의 흐릿해진 마음을 맑게 씻어 주는 영약靈藥이 되고 있지 않겠는가. 그렇게 '주전마을 시화詩畫'는 김금만 시인의 시작詩作 과정과 고스란히 등가를 이루고 있다. 말하자면 시인은 '시화'를 통해 "우주에/ 숨겨진 보석/ 초록 별이 빛날"(〈88 굴렁쇠〉) 순간을 불러오고 마침내 "참 맑게 다가온 세상"(〈한계선을 넘다〉)을 환하게 받아들인다. 이러한 시인으로서의 자의식은 다음 시편으로도 파동 치듯 이어져 간다.

    폐자재 무늬목을 밤낮 대패질하여
    눈썰미 먹줄 튕겨 곡예하듯 결을 탄다
    날이 선 필 끝을 따라 불어넣는 푸른 혼

    서랍 속 들춰 가며 찾아낸 낡은 노트
    빨간 줄 그어 놓은 행간을 다독인다
    망치로 꿰맞춘 얼개 푸덕푸덕 소리나

가을밤 서재 한 칸 임대한 귀뚜라미
달 비친 창가에서 고서를 읽고 있다
또르륵 유리구슬을 밤새 씻어 헹구고

침향이 타들어가 실연기 헝클린다
다관을 끓여대는 참숯불 놋쇠 화로
찻잔을 비우다 보면 새벽빛이 스민다
―〈시詩의 집을 짓다〉 전문

  이번 시조집의 표제작이기도 한 이 시편은 "폐자재 무늬목"을 대패질하고 곡예하듯 결을 타서 "날이 선 필 끝을 따라 불어넣는 푸른 혼"으로 시의 집을 지어 가는 과정을 담았다. "서랍 속 들춰 가며 찾아낸 낡은 노트"나 "빨간 줄 그어 놓은 행간"이야말로 '시의 집'을 짓는 필수 재료일 것이다. 가을밤 귀뚜라미가 서재 한 칸 임대하여 고서를 읽는 풍경은 이러한 '시의 집'이 인간은 물론 뭇 생명들의 거소居所가 될 수 있음을 암시한다. '침향'과 '다관'을 통과한 새벽빛이 스미는 "시詩의 집"에서 '시인 김금만'의 위의威儀와 존재는 융융하기만 하다. "오로지 무념으로 훨훨"(〈바라춤을 추다〉) 날아가기도 하고 "사람의 정이 가슴 데울 그런 말"(〈노트북〉)을 펼치기도 하고 "손잡은 먼 길 함께 그대 있어 더 행복"(〈우리 집 삼층 석탑〉)하기도 한 아늑한 '시의 집'이 거기 있는 것이다. 이처럼 김금만 시인은 스스로를 탐색하고 성찰하는 이른바 자기 확인의 속성으로서 '시' 혹은 '시쓰기'의 은유를 빌려 온다. 일찍이 서정시의 자기 탐구적 성격은 매우 고유하고 각별하게 승인되어 온 바 있지만, 그것은 사물들로 시선을 하염없이 확장했다가 다시 자신의 시쓰기로 돌아오는 회귀적 속성을 일관되게 지닌다. 그렇게 그의 시편은 진정성 있는 자기 확인과 함께 시쓰기의 과정과 원리에 대한 근원적 사유와 감각을 아름답게 보여 준다. 그래서 우리는 그의 시편을 통해 삶의 편재적遍在的 그리움과 그것의 치유 과정 그리고 넉넉한 자기 긍정의 순간에 다다르게 된다.

결국 김금만의 시조는 소소하고 미세한 생명들까지 돌아보면서 다양한 시적 경험을 정형의 울타리 안에 담음으로써 이러한 서정의 원리를 한껏 충족해 간다. 그 경험과 정서가 정형 안에 잘 갈무리됨으로써, 우리는 잘 이루어진 고전적 감각을 경험하면서 인간의 원초적이고 미분화된 정서와 통합적인 삶의 이치를 경험할 수 있게 된다. 김금만 시인은 궁극적 자기 발견을 욕망하는 '시인'의 존재론을 가멸차게 보여 준 것이다.

5. 빼어난 관찰과 묘사를 통한 '울산 12경'의 재현

마지막으로 시인이 심혈을 쏟은 결실이 바로 '울산 12

경'연작이다. 이 연작은 시간적 경과에 따른 회상 작용보다는 아름다운 풍경이나 사물의 외관을 묘사하고 재현하면서 거기 깃들인 시인의 순간적 정서를 담았다. 그때 사물들은 순간적으로 자신의 존재를 증명하고 있다. 물론 이때의 순간이 일회적이고 짧은 시간(성)을 함의하는 것은 아니다. 오히려 그것은 과거와 현재와 미래를 모두 통합한 시간 형식을 뜻한다. 그래서 '시적 순간'이란 존재자들의 오랜 시간이 반복되고 축적된 집중적 형식으로서의 순간인 셈이다.

  김금만 시인은 바로 이러한 순간의 형식을 통해 '울산 12경' 연작을 썼다. 빼어난 관찰과 묘사를 통해 현재의 삶 속에 존재하는 구체적인 공간과 장소와 사물의 형식을 재현하고, 그때의 순간적 반응을 공감적으로 구성해 내는 상상적 힘을 시인은 산뜻하게 보여 주고 있다.

    대숲을
    수초 삼아
    쏘다니는 초록 물고기

    먼바다
    나아가서
    큰 세상 보고 온 듯

모천母川에

자리 잡고서

빛빛 부화 한창이다

— 〈태화강 십리대숲〉 전문

살 에는

찬물 속에

씻어낸 고운 삶을

샛바람

조리질로

섣달 다 담아내면

첫아기

울음소리가

수평선을 넘는다

— 〈간절곶 아침〉 전문

　앞의 작품은 울산을 가로지르는 태화강의 십리대숲을 노래하였다. 뭇 목숨들의 보고寶庫인 생태적 자연의 대명사로서 태화강 대숲이 새록새록 살아난다. 시인은 초록 물고기가 대숲을 수초 삼아 다니면서 모천에서 "빛빛 부화 한창"인 장면을 포착하고 있다. 뒤의 작품은 간절곳에서 맞는 새해 첫 아침에 새로운 생명을 맞는 순간을 노래하였다. 샛바람 조리질로 섣달을 담아낼 때 들려온 "첫아기/ 울음소리"야말로 그 생명의 가장 구체적인 표징이 아닐 것인가. 이처럼 자연 사물은 "잘못한 일/ 많다며/ 큰 파도로 꾸짖는"(〈대왕암 공원〉) 경우도 있고, "물소리/ 풀어놓고서/ 먼 별빛을"(〈반구대 암각화〉) 줍는 경우도 있다. 이때 시인은 "떼 지은/ 은빛 억새/ 날갯짓 퍼덕인"(〈가지산 사계〉) 흔적을 수습하면서 "화선지/ 펼친 하늘 폭/ 전위 행위 춤춘"(〈신불산 억새〉) 순간도 정성 들여 기록하고 있다. 그 점에서 김금만 시인은 울산을 사랑하고 대표하는 시인으로서 스스로의 입상立像을 만들어 낸 것이다.

대체로 서정시는 간절한 기억을 재현하고, 그 기억과 나란히 걸어가고, 그 기억을 항구화하려는 보편적 욕망을 견지하고 있다. 그런가 하면 삶이 이성에 의해 일사불란하게 진행되는 것이 아니라 이성적 기준을 때로 위반하고 때로 감싸안으면서 새로운 상상적 질서를 재구축하는 과정임을 적극적으로 승인하고자 한다. 물론 서정시에 대한 이러한 진단을 새로운 해체 정신으로까지 오도誤導할 필요는 없다. 오히려 그것은 잃어버린 서정시의 가치를 회복해 보려는 고전적 열망과 닿아 있을 뿐이기 때문이다. 특별히 김금만 시인은 시조를 통해 이러한 삶의 지표들을 호명하고 복원함으로써, 한 시대의 불모성과 실용주의적 기율에 대한 내적인 항체抗體 역할을 자임하고 있다 할 것이다.

우리가 천천히 읽어 온 김금만 시인의 시조는 단단한 정격과 유려한 언어 그리고 속 깊은 서정에 감싸인 따뜻하고도 심미적인 세계를 남김없이 보여 주었다. 그 세계를 통해 그는 우리 시조시단에 뚜렷하고도 개성적인 성취를 각인하였다. 시인은 정형성을 충실하게 지켜가면서 우리 시조가 주체와 세계 간의 견고한 균형을 통해 근원적 가치를 탈환하고 회복할 수 있다는 믿음을 들려주었다. 예컨대 그는 엄정한 정형 안에서 내면적 상황과 반응을 토로하거나, 뭇 사물의 외관과 실질을 관찰하고 묘사하거나, 시조 양식에 대한 섬세한 자의식을 보여 주거나, 자연 사물 속에서 삶의 이법을 발견하는 서정을 우리에게 아름답게 선사한 것이다.

이 모든 것은 완상玩賞 취향이나 자기 고백에 기울어질지도 모를 우리 시조시단의 한계에 대한 미학적 대안으로 기능할 수 있을 것이다. 이번에 출간되는 시조집 『시의 집을 짓다』는 이러한 그의 시학적 장처長處를 충족하면서 "날이 선 필 끝을 따라 불어넣는 푸른 혼"을 통해 단정하고도 사려 깊은 내공을 유감없이 보여 주었다. 그것은 철저한 예술적 자의식에 바탕을 두면서 뭇 존재자들을 향한 따뜻한 시선으로 현상하는 그만의 독자적 세계이기도 할 터이다. 이러한 성취를 이룬 이번 시조집 상재를 축하드리면서, 그러한 세계가 더욱 깊어져 가기를 마음 깊이 희원해 마지않는다.

시인의 약력

김금만 시인

- 전북 군산 출생
- 호: 향파鄕波
- 《월간문학》(수필) 신인상 수상(2016)
- 《월간문학》(시조) 신인상 수상(2018)
- 한국문인협회, 울산문인협회, 한국시조시인협회, 오늘의시조협회, 한국여성인문학회, 울산시조협회, 나래시조, 전북시조협회, 태화강문학회, 영축문학회, 울산남구문학회, 하나문학회, 에세이울산문학회, 외솔회 회원
- 계간《문학과 의식》시조 동인
- 경북도민일보 칼럼 연재
- 논술지도사, 독서지도사, NIE논술사

- 울산전국시조백일장 장원(2018)
- 샘터 시조 7월 장원(2019)
- 외솔시조문학상 신인상 수상(2023)
- 하나문학상 수상(2023)
- 울산문화관광재단 창작장려금 수혜
- 수필집 『박꽃』(울산문화재단 선정)
- 시조집 『뫼비우스 띠』,
  『간절곶 아침』,
  『시의 집을 짓다』

※표지 그림: 김윤비(시인의 딸)_작품명: 시를 찾아 떠나다

시의 집을 짓다

발행 | 2024년 10월 25일
지은이 | 김금만
펴낸이 | 김명덕
펴낸곳 | 한강출판사
홈페이지 | www.mhspace.co.kr
등록 | 1988년 1월 15일(제8-39호)
주소 | 서울시 종로구 인사동11길 16, 303호(관훈동)
전화 02)735-4257, 734-4283   팩스 02)739-4285

값 12,000원

ISBN 978-89-5794-572-8 04810
      978-89-88440-00-1 (세트)

※저자와의 협약에 의해 인지는 생략합니다.
※이 책은 울산문화관광재단 창작장려금으로 제작되었습니다.